RELIGION SAINT-SIMONIENNE.

IMPRIMERIE DE LACHEVARDIERE,

RUE DU COLOMBIER, n° 30.

Religion Saint-Simonienne.

DISCUSSIONS

MORALES, POLITIQUES ET RELIGIEUSES

QUI ONT AMENÉ LA SÉPARATION

QUI S'EST EFFECTUÉE AU MOIS DE NOVEMBRE 1831

DANS LE SEIN DE LA SOCIÉTÉ SAINT-SIMONIENNE.

—

PREMIERE PARTIE

—

Rçelations des Hommes et des Femmes.

Mariage. — Divorce.

PARIS,

RUE DES SAINTS-PÈRES, N° 26,

ET CHEZ { PAULIN, libraire, place de la Bourse,
DELAUNAY, Palais-Royal,
HEIDELOFF, rue Vivienne, n° 14.

—

JANVIER 1832.

PRÉFACE.

Une séparation solennelle s'est opérée dans le sein de la Société saint-simonienne.

Les personnes qui ont suivi depuis l'origine les travaux de cette Société, qui en ont apprécié l'importance, qui ont été témoins des efforts qu'ils ont coûtés, auront pensé sans doute qu'un pareil évènement n'avait pu être produit par des causes légères.

Ce n'est en effet qu'à la suite de dissentimens profonds sur les points de doctrine les plus importans que cette séparation est survenue, et lorsque tous les moyens qui avaient pu être jugés propres à la prévenir ou à la retarder avaient été tentés, et se trouvaient épuisés.

Le lien qui nous unissait était trop puissant, il avait été trop fortement éprouvé par les difficultés de toute nature que jusque là nous avions eues à combattre et à vaincre en commun; l'engagement que nous avions pris ensemble devant le public était trop solennel, pour qu'une lutte d'intérêts personnels ou de vanité froissée eût eu jamais la puissance de nous désunir. Dans ce cas, l'un des deux partis, au moins, aurait bien su trouver en lui la vertu d'abnégation nécessaire pour mettre fin au débat. Mais dans le conflit qui nous a séparés il s'agissait de notre foi sur les questions qui intéressent le plus vivement l'avenir de l'humanité entière; votre devoir sans doute était bien de faire tous nos efforts pour nous mettre en harmonie; c'est aussi ce que nous avons fait : mais sur le terrain où nous étions placés, il n'y avait pas pour nous de transaction permise, d'abnégation légitime.

Je publie aujourd'hui une première partie de nos discussions. La question qui s'y trouve traitée n'est pas peut-être la plus générale de celles qui nous ont occupés; elle n'est pas assurément au moins la première qui devrait se présenter dans l'ordre logique d'une exposition rationnelle. Si je commence par elle, c'est qu'elle est la plus vivante, la plus directement intéressante pour tous; que dans la réalité d'ailleurs, c'est par elle que le débat s'est ouvert entre nous, et par elle aussi que pour la première fois nous avons bien senti toute la gravité, toute la portée de celles qui sont venues à sa suite.

Plusieurs, en voyant la crise que nous subissons, ont pensé que la doctrine de Saint-Simon touchait à sa fin; en cela les uns ont exprimé un vœu, les autres un regret : mais tous, en portant ce jugement, ont prouvé que la loi qui préside aux grandes rénovations humaines leur était inconnue.

En se reportant, par exemple, à l'origine du christianisme, la seule de ces rénovations qui, à deux mille ans de distance, puisse être comparée à celle que vient accomplir aujourd'hui la doctrine de Saint-Simon, ils auraient appris que, pour toute nouvelle mission apostolique, ce n'est pas dans l'indifférence du monde, dans ses mépris, ses outrages, ses violences, que consiste la plus grande difficulté, mais dans le travail intérieur de l'apostolat lui même, dans l'imperfection des apôtres; ils auraient appris que toute révélation d'avenir est soumise dans son développement à l'épreuve de la division et du schisme; que non seulement elle triomphe toujours de cette épreuve douloureuse, mais encore que c'est par elle qu'elle grandit dans le monde et finit par le soumettre à sa loi.

En méditant sur la conception de l'harmonie universelle qui est la base de toute la religion Saint-Simonienne, ils auraient été conduits à penser aussi que, si nous n'étions point à l'abri d'une épreuve semblable, elle ne pouvait au moins être pour nous aussi pénible, aussi longue que pour les apôtres du passé, qui tous, sous une forme ou sous une autre, ayant admis le partage de l'univers entre des forces opposées, ont dû considérer le schisme et la lutte comme la condition nécessaire de l'humanité.

Au moment où le scepticisme et le dédain que nous avons eus à combattre jusqu'à ce jour semblent devoir, en présence de nos dissentimens, se reproduire contre nous avec une nouvelle force, qu'il nous soit permis de rappeler en quelques mots ce que nous avons fait, de montrer dans nos travaux passés le signe certain de la puissance qui, au nom de Saint-Simon, nous a été donnée sur l'avenir, et de commencer ainsi par un acte de foi et de communion le débat solennel qui dès ce jour s'ouvre publiquement entre nous.

Lorsque nous entreprimes, il y a moins de sept ans encore, de continuer l'œuvre de notre maître, son nom était généralement inconnu: aujourd'hui il a retenti dans toute l'Europe, dans toutes les classes de la société, et déjà un grand nombre de voix s'élèvent pour le bénir et le glorifier.

A cette époque, tous les germes de l'avenir dé-
couvert par Saint-Simon existaient bien sans doute
dans le monde, car autrement Saint-Simon n'eût
point été un révélateur; mais ils y étaient obscurs
et confus, cachés sous des apparences trompeuses,
sous des formules imparfaites ou mensongères; nul
n'en avait conscience, et ils restaient ainsi frappés
de stérilité. Par nos travaux, la plupart de ces
germes se trouvent aujourd'hui dévoilés et fécondés.

Depuis long-temps déjà l'idée du progrès de l'es-
pèce humaine, de sa perfectibilité indéfinie, préoc-
cupait quelques esprits avancés; mais, à défaut d'une
expression positive et surtout sympathique, elle
n'avait pu pénétrer dans les masses; et pour ceux-
là mêmes qui l'avaient admise, elle commençait à
devenir incertaine. En signalant l'association universelle comme la destination marquée à l'humanité, en montrant qu'à travers tous les états de civilisation qu'elle avait parcourus, toutes les révolutions qui s'étaient accomplies dans son sein, elle
n'avait cessé d'y marcher régulièrement, par la dé-
croissance constante de la guerre et de l'exploitation
de l'homme par l'homme, nous avons justifié, po-
pularisé et mis au-dessus de toute atteinte cette
grande conception; par là un pas immense s'est
trouvé fait pour nous. — Le sentiment religieux, re-
venu du trouble où l'avait jeté le triomphe rapide
et bruyant du scepticisme de la philosophie, de l'em-
pirisme athée de la science, cherchait de toute part
à se faire jour; mais en présence du chaos de l'histoire, de l'entassement désordonné des révolutions
sociales, qui, dans cet état, n'apparaissaient plus
que comme autant de catastrophes, il revenait in-

cessamment se perdre dans le doute et le déses-
poir. En débrouillant ce chaos, en montrant dans la
succession des faits humains l'enchaînement, l'ordre, le progrès, la PROVIDENCE en un mot, nous
avons donné à ce sentiment qui est la vie de l'humanité, le principe de sa puissance, la source de son
progrès, un point d'appui, une base inébranlable;
et dominant ainsi les dédains d'une philosophie in-
décise et d'une science étroite, nous avons pu,
avec l'autorité de la foi, faire entendre de nouveau
au monde, en les mettant à leur place qui est toujours la première, les deux grands noms, les noms
agrandis encore de DIEU et de RELIGION.

De vives et profondes sympathies populaires, de
nobles désirs d'améliorer la condition des masses,
existaient dans les cœurs: mais après tant d'espé-
rances déçues, après tant de révolutions, toutes faites
au nom du peuple, toutes payées de ses labeurs et
de son sang, et qui n'avaient rien changé à son sort,
ces sympathies demeuraient incertaines et stériles.
C'est que nul ne savait bien ce que c'était que le
peuple, et ce qu'il fallait faire pour lui. Le peuple, avons-nous dit, ce sont les SALARIÉS; les salariés
ce sont les descendans des esclaves et des serfs, ex-
ploités comme leurs ancêtres, exclus comme eux,
par le fait au moins, de l'association et de la propriété: ce qu'ils demandent aujourd'hui, ce qu'ils
doivent obtenir, c'est d'être élevés à la dignité de
l'une, et de participer au bénéfice de l'autre. Voilà
le but politique assigné aux efforts de la génération
actuelle. Toute tentative de changement social qui
ne se proposerait pas directement ce but serait im-
puissante; celle qui s'en proposerait un contraire se-

rait de plus criminelle et impie. *Toutes les institutions sociales doivent avoir pour but l'amélioration progressive du sort* MORAL, *intellectuel et physique de la classe la plus nombreuse et la plus pauvre.* Tous les hommes naissent avec le droit de développer et d'employer dans leur plénitude les facultés diverses que Dieu leur a données. Tous doivent recevoir de la société l'éducation selon la vocation, la fonction selon la capacité, la rétribution selon les œuvres. Voilà la véritable doctrine démocratique, l'égalité véritable, les véritables droits de l'homme. C'est ainsi qu'en tirant les sentimens populaires du vague de leurs anciennes formules, et en leur assignant un but précis, nous les avons sauvés du scepticisme qui menaçait de les atteindre, et rendus à la vie, à la réalité qui leur échappaient.

A de rares intervalles, quelques voix timides s'étaient fait entendre pour protester contre la subalternité sociale à laquelle la femme se trouvait condamnée : mais comme, au milieu d'un monde né de la guerre, organisé pour elle et par elle, le premier rang ne pouvait évidemment appartenir qu'à l'homme, ces voix, à peine écoutées, avaient été successivement réduites au silence. En montrant que la guerre ne pouvait plus être désormais qu'un fait subalterne, tendant incessamment à disparaître ; que le but dominant de l'activité humaine devait être, dès ce jour, le travail pacifique dans la triple direction des beaux-arts, de la science et de l'industrie, nous avons justifié ces protestations précoces, obligé le monde à les prendre au sérieux, et fait pressentir et désirer à plusieurs l'accomplissement prochain de la prophétie qu'elles renfermaient.

Depuis long-temps déjà, le travail était devenu l'objet de nombreuses apologies; mais, en général, elles ne s'étaient point élevées au-delà de cette humble formule, *le travail ne déshonore point ;* ou tout au plus, *le travail est honorable.* En rappelant sans cesse le but de l'humanité, la condition de son progrès, nous avons montré que le travail *lui seul* était honorable ; qu'à lui seul aujourd'hui devait être attribuée la capacité politique; que l'oisiveté seule était honteuse, et qu'elle seule devait être privée de toute influence sociale.

C'était surtout en faveur du travail industriel que s'étaient élevées ces timides apologies, c'était surtout pour lui qu'elles étaient restées incomplètes. Mais, en montrant que dans tous les temps la classe la plus nombreuse et la plus pauvre, la seule classe asservie, humiliée, exploitée, avait été celle des industriels, et en liant ainsi l'affranchissement définitif de l'industrie et son avènement social à l'aspect le plus sympathique du progrès que l'humanité ait à faire aujourd'hui, savoir, de mettre fin à l'exploitation de l'homme par l'homme, nous avons flétri pour toujours le préjugé qui s'attachait à ce travail, et le subalternisait.

En dégageant de l'obscurité qui les couvraient, des formes qui les gênaient, les germes d'avenir, les tendances progressives que nous trouvions répandus dans le monde, et en leur donnant une issue qui leur manquait, nous avons encore affaibli de puissantes préventions qui s'opposaient à leur développement. C'est ainsi, pour n'en citer qu'un exemple, mais le plus important de tous, qu'en rappelant sans cesse que le classement social des individus dans l'avenir ne devait plus dépendre, soit directement, soit indirectement, du hasard de la naissance, mais être déterminé seulement par le mérite personnel, par la capacité, et en offrant nous-mêmes, dans notre sein, une première et grossière ébauche de cet ordre futur, nous avons commencé à réconcilier les esprits avec les idées de HIERARCHIE et de POUVOIR, sans lesquelles il n'y a point de société possible, point de progrès à faire.

Toutes ces vues d'avenir, toutes ces données fondamentales de la régénération qui se prépare, sont aujourd'hui répandues dans le public. Déjà en-dehors de nous, elles ont profondément modifié les termes des discussions philosophiques, historiques et politiques ; la presse périodique s'est directement emparée de plusieurs d'entre elles ; le langage lui-même de la tribune politique est tout empreint des préoccupations qu'elles ont jetées dans les esprits ; et au point de notoriété où elles sont parvenues, elles pourraient maintenant, sans notre secours, et par leur seule vertu d'avenir, grandir et se propager dans le monde. Voilà pour nous le fruit de sept années de travaux. Nous aurons bien sans doute à reproduire sans cesse ce premier enseignement, car ce n'est que de nous qu'il peut sortir pur et complet ; mais cette tâche ne peut plus être pour nous en première ligne ; nous avons quelque chose de nouveau à faire.

Ce n'est pas, comme le dit Enfantin, de créer l'industrie Saint-Simonienne ; car ici il faut éviter de se payer de mots.

Créer l'industrie Saint-Simonienne, ce n'est pas imaginer et pratiquer quelques expédiens pour nour

rir les apôtres et subvenir aux frais de leur parole (1);
ce n'est pas solliciter des dons pour cet usage, ou
bien, comme nous l'avons fait jusqu'ici, y consacrer
le capital de revenus précédemment acquis : créer
l'industrie Saint-Simonienne, c'est réunir en un
fonds commun une masse quelconque de capitaux,
d'instrumens de travail, pour les appliquer à des
entreprises agricoles, manufacturières ou commer-
ciales, dirigées et exploitées par des travailleurs
Saint-Simoniens, ayant pour tâche, en servant de
modèle au monde industriel, de pourvoir à l'existence *matérielle* de la société dont ils sont membres, comme les artistes et les savans de cette société
ont pour tâche de lui donner la vie MORALE et *intellectuelle*, en moralisant et en instruisant le monde
extérieur. La création de l'industrie Saint-Simo-

(1) À cette occasion je dois faire connaître que je ne donne aucune approbation aux singulières émissions de rentes faites par O. Rodrigues (rentes
viagères ! dont il a déjà donné une partie à 25 p. o/o du capital, et dont
il offre une autre partie à 35 p. o/o) ; que je n'approuve pas davantage, soit
les apostrophes financières qu'il adresse régulièrement au public, tous les
dimanches, dans les fantastiques représentations de la salle Taitbout, soit
enfin les adorations d'argent ou d'hommes à argent, dont le *Globe* remplit
journellement ses colonnes. — Du reste je déclare que je ne vois et ne puis
voir dans tout ceci, encore qu'il puisse en résulter des conséquences très
fâcheuses, que le résultat d'une illusion complète sur la situation réelle de la
doctrine de Saint-Simon et sur le progrès véritable qu'elle est appelée à faire
aujourd'hui. — Peu de temps avant notre séparation nous avions résolu de
faire un emprunt ; mais les propriétés des Saint-Simoniens devaient être
remises immédiatement entre les mains d'un notaire qui aurait été chargé
d'en poursuivre la liquidation pour pourvoir successivement soit au rembour-
sement des sommes empruntées, soit au service des intérêts ; d'ailleurs une
maison de banque comme devait alors garantir cette opération.

Au surplus si je m'élève contre les spéculations financières qui se font sous
l'autorité d'Enfantin, ce n'est pas seulement parce que le mode en est vicieux,
que les formes en sont repoussantes, mais encore parce que les ressources
qu'elles pourraient procurer seraient mises au service de doctrines fausses et
dangereuses.

nienne ainsi entendue (et elle ne peut l'être autrement sans le plus étrange abus de mots), est sans
contredit une œuvre éminemment importante, et
dont l'accomplissement doit exciter à un haut degré
notre sollicitude; mais pour y arriver, pour attirer
à nous une masse de capitaux telle qu'elle nous
permette d'entreprendre et de poursuivre cette
œuvre d'une manière sérieuse et significative, une
tâche indispensable nous reste à remplir: il faut
que nous donnions foi au monde en notre *moralité*,
en notre *avenir*; il faut que nous nous présentions
à lui avec toutes les conditions d'existence d'une
société; il faut en un mot, ce que nous n'avons point
fait encore, que nous lui disions notre LOI MORALE.

Or, il n'y a point encore de loi morale qui soit
généralement reconnue parmi nous, puisque c'est
sur cette question même que nous sommes aujour-
d'hui divisés; il n'y en a point que le monde nous
connaisse.

Ce nom de *loi morale* est peut-être même trop
étroit pour exprimer toute l'étendue de la lacune que
présentent nos doctrines et notre association. Ce qui
nous manque aujourd'hui, et cela surtout aux yeux
du public, c'est en général la *loi de l'individu*, aussi
bien dans l'ordre politique lui-même en ce qui concerne les rapports de l'inférieur et du supérieur, que
dans l'ordre moral, en ce qui concerne les relations
privées, les affections intimes.

En d'autres termes, nous avons jusqu'à ce jour
principalement élaboré, et exclusivement enseigné
la doctrine de Saint-Simon, au point de vue de
l'*Autorité*, du *Collectisme* de la *Société*; nous avons
aujourd'hui, en grande partie, à l'élaborer, et tout

entière à l'enseigner au point de vue de la *Liberté*, de *l'Individualité*, de la *Famille*.

Ce que nous avons de nouveau à faire, ce n'est point non plus, comme le dit encore Enfantin, d'appeller la FEMME : la femme, nous l'appelons depuis le jour où nous l'avons proclamée l'égale de l'homme, où nous lui avons assigné pour partage la moitié de toutes les fonctions sociales ; nous l'appelons depuis le jour où nous lui avons donné place dans notre hiérarchie, où nous l'avons admise à participer à notre apostolat. Si jusqu'à présent son action n'a pas eu plus de force et plus d'éclat, c'est que nous ne l'avons appelée encore qu'au nom de la loi politique, et qu'il nous reste à l'appeler au nom de la loi morale.

Ce que nous avons de nouveau à faire véritablement et avant toute chose, c'est donc de produire, d'enseigner, et d'accréditer la loi morale, la loi de l'individu. Lorsque cette tâche sera remplie, la doctrine de Saint-Simon, doctrine indéfiniment perfectible, sera complète dans ses bases. Alors, pénétrée d'un sentiment plus vrai et plus complet de l'avenir, elle se dépouillera de tout ce qu'il y a de repoussant aujourd'hui dans les formes étranges qu'elle a çà et là empruntées au passé, pour se revêtir de tout le charme de la nouveauté, de tout l'attrait du progrès. Alors la femme viendra prêter à notre action toute la puissance de son concours ; alors nous pourrons entreprendre de fonder l'industrie saint-simonienne : nous demanderons hautement la gestion des fortunes particulières, et elles seront successivement remises en nos mains ; car le monde, convaincu de la supériorité de nos lumières, aura foi alors en notre moralité et en notre avenir. C'est aussi seulement alors que le *parti des travailleurs*, dont nous avons si souvent parlé, sera véritablement constitué.

C'est dans l'accomplissement de cette tâche que se trouve aujourd'hui le mouvement progressif de la doctrine de Saint-Simon, et par conséquent la doctrine de Saint-Simon tout entière. C'est celle que je me suis proposée, que se proposent avec moi tous les Saint-Simoniens qui ont uni leurs efforts aux miens, et qu'en dehors de nous, nous proposons ensemble à tous ceux qui, en présence d'un monde épuisé de doctrines, sans foi dans l'avenir, et cependant tout fermentant d'émeutes, de révolutions et de guerres, ont senti qu'il ne pouvait plus y avoir de paix, d'harmonie et de bonheur pour l'humanité que dans les voies découvertes par Saint-Simon, et signalées à tous par ses disciples.

Au début de l'œuvre que nous avons entreprise, de grandes difficultés sans doute se présentent à nous : nous sommes peu nombreux, nous sommes pauvres, nous avons de plus à lutter contre la défaveur que fait peser en ce moment sur tous les Saint-Simoniens la division survenue entre eux ; mais nous sommes depuis long-temps éprouvés aux difficultés, et nous acceptons celles-ci avec la foi vive et religieuse que nous devons en triompher.

BAZARD,

L'UN DES DEUX CHEFS DE L'ANCIENNE HIÉRARCHIE SAINT-SIMONIENNE,

CHEF DE LA HIÉRARCHIE NOUVELLE.

PREMIERE PARTIE

RELATIONS

DES HOMMES ET DES FEMMES.

Mariage. — Divorce.

Il y a vingt mois environ qu'une importante discussion s'éleva entre Enfantin et moi sur l'une des plus graves questions de la morale.

Il s'agissait de savoir quels changemens la loi saint-simonienne devait apporter dans les relations individuelles des hommes et des femmes, dans le règlement intérieur du mariage.

Déjà depuis long-temps nous avions reconnu et proclamé l'égalité religieuse, politique et morale des deux sexes, en prenant pour base de cette égalité la diversité même des dons que Dieu a départis à l'un et à l'autre, et en montrant que la plénitude de la vie, de l'intelligence et de la puissance humaines, ne pouvait se trouver que dans l'union de leurs attributs divers, harmonisés dans chaque couple selon les nuances et les prédominances individuelles.

L'homme et la femme, voilà l'ÊTRE HUMAIN, L'INDIVIDU SOCIAL. — Telle fut la formule dans laquelle se trouva exprimée et résumée cette conception désormais acquise à l'humanité, et qui doit servir de base à sa régénération.

Mais au-delà de ces termes généraux dans lesquels le mariage n'était considéré que du point de vue social, et seulement comme une institution de l'ordre politique, se présentaient une foule de questions, appartenant plus particulièrement à l'ordre moral.

Après l'affranchissement complet de la femme, après son avènement social, quels devaient être les devoirs réciproques des époux dans leurs rapports les plus intimes?

Que devait-il y avoir de réservé et d'exclusif entre eux?

Que fallait-il penser de la valeur morale de la loi chrétienne sur la pudeur et la chasteté en général, et en particulier sur la fidélité dans le mariage?

En abordant ces importans problèmes, qui se présentaient naturellement dans le travail d'élaboration d'une nouvelle doctrine générale, il fallait savoir dominer toutes les affections, les croyances, les habitudes consacrées, et leur appliquer largement le doute et l'examen; il fallait, en un mot, que, sur tous ces points, le passé tout entier fût mis en cause pour être jugé de la hauteur de la nouvelle conception religieuse introduite au monde par Saint-Simon, afin que fût décidé ce qui, de sa loi sur le mariage, devait être condamné et détruit, ou bien glorifié et développé, en recevant à la fois une justification plus large et une sanction plus profonde.

Cette tâche fut hardiment entreprise et poursuivie. Ce fut alors qu'une vue en opposition complète avec tous les sentimens existans fut produite par Enfantin. Il prétendit que l'intimité entre les sexes, considérée aujourd'hui comme n'ayant de légitimité, de sainteté, d'élévation que dans le mariage, ne devait plus être exclusive entre les époux; que le supérieur, par exemple (le prêtre ou la prêtresse), pouvait et devait provoquer et établir cette intimité entre lui et ses inférieurs, soit comme moyen de satisfaction pour lui-même, soit dans le but, en déterminant de la part des inférieurs un plus grand attrait pour sa personne, d'exercer une influence plus directe et plus vive sur leurs sentimens, leurs pensées, leurs actes, et par conséquent sur leur progrès.

Cette conception fut présentée d'abord par Enfantin, et selon ses propres expressions, comme la transformation de l'ancien *droit du seigneur*, comme un moyen pour l'inférieur de rendre hommage au supérieur, et de recevoir de lui l'*initiation* d'un amour plus élevé que le sien ou que celui de ses égaux. Dans la suite, elle a singulièrement varié dans les formes sous lesquelles elle a été exposée, ainsi que dans la systématisation et la justification qui lui ont été données ; mais, au fond, elle n'a subi aucun changement important, et il est facile de retrouver dans chacune des phases qu'elle a parcourues la pensée qui se trouve exprimée dans sa formule primitive.

Voici sommairement en quels termes, dans sa dernière transformation, Enfantin la présente et la justifie.

Les individus de chaque sexe se divisent en deux classes, en *mobiles* et *immobiles*. Les uns, doués de la faculté des affections *vives* et *passagères* éprouvent incessamment le besoin de changement, de variété, de multiplicité : ceux-là ne sauraient long-temps rester unis au même homme ou à la même femme ; pour eux le mariage est temporaire ; ce n'est qu'à cette condition et sous cette loi qu'ils peuvent consentir à être liés et qu'ils doivent l'être. — Les autres, doués de la faculté des affections *profondes* et *durables*, éprouvent, au contraire, le besoin de fixité et d'unité ; leur amour est à l'abri des atteintes du temps, et s'accroît même par la possession. Pour eux le mariage est définitif : ce n'est, au moins, que dans cet espoir qu'ils consentent à s'unir, et que leur union doit être consacrée.

Le divorce est particulièrement institué pour satisfaire

au goût de changement des individus *mobiles*. Il d it être glorifié et sanctifié, attendu que les êtres aux affections vives et passagères sont tout aussi bien dans les desseins et dans les voies de Dieu que les êtres aux affections profondes et durables, et que l'inconstance des uns n'est pas moins féconde en heureux résultats pour la société que la constance des autres.

Cependant, abandonnées à elles-mêmes, ces deux classes d'individus devraient se méconnaître et se repousser; mais entre elles intervient le prêtre, qui a puissance de les lier, parce que, réunissant en lui leurs qualités diverses, il les aime également et peut se faire aimer également aussi de l'une et de l'autre.

Le prêtre, homme ou femme, en qui se trouve l'unité de la vie, qui en comprend tous les aspects, est en effet à la fois *mobile* et *immobile :* immobile en ce sens qu'il reste constamment uni au même individu au titre d'époux, et mobile en cet autre sens qu'il ne borne pas à cette relation l'intimité exclusivement attribuée jusqu'ici à l'union conjugale.

C'est dans ses rapports avec ceux qu'il dirige, c'est particulièrement dans les épanchemens de la confession, que le prêtre s'abandonne au sentiment de la *mobilité*. En cela, il obéit à une double impulsion : au besoin de satisfaire le goût de changement, de variété, de multiplicité, qui est un des attributs de sa vie unitaire, et au désir, en exaltant pour sa personne l'amour de ses inférieurs, de les rendre plus semblables à lui-même, et de les diriger ainsi plus facilement dans les voies du progrès.

Jésus et son église n'ont aimé, n'ont connu, n'ont glorifié que l'*esprit* et son activité. Ils ont réprouvé la chair, et condamné ou subalternisé tous les appétits sensuels. C'est par suite de cet anathème que le clergé catholique tout entier a gardé le célibat, et que, chez les laïques, il a honoré et recommandé la virginité comme l'état le plus agréable à Dieu. — N'ayant pas pu faire une loi générale de cette abstinence, il n'a sanctifié ou plutôt il n'a permis les satisfactions de la chair que dans le mariage, en les soumettant, dans cet état même, à une foule de restrictions et de règles austères. Sous l'empire de cette loi, les relations du prêtre avec le fidèle ont dû être toutes *spirituelles*. De là la tristesse et la sévérité empreintes sur la figure du prêtre chrétien, dans ses paroles, dans son costume; de là l'aspect ténébreux du confessionnal et l'obstacle qu'il apporte au contact *matériel* du confesseur et du pénitent.

Quant au divorce, en tant qu'il aurait pu être sollicité par des répugnances physiques, l'église, d'après son dogme sur la matière, ne pouvait l'admettre; mais il y a plus, appelant, exaltant sans cesse l'éternité et méprisant le temps, elle devait encore, dans le but de se rapprocher de la perfection divine et de la symboliser aux yeux des hommes, attacher le caractère de durée, d'indélibilité, d'indissolubilité à toutes ses consécrations.

Devant la conception saint-simonienne disparaissent l'anathème de la chair, le mépris du temps, et à leur suite tout ce règlement du mariage, toute cette discipline de réserve, de chasteté, de pudeur, toutes ces idées d'éternité, d'indissolubilité des liens individuels, introduits par le christianisme. — La matière étant de l'essence de Dieu comme l'esprit, ses manifestations sont tout aussi pures, tout aussi glorieuses. S'il n'y a pas lieu de réprimer les appétits de l'esprit, de condamner les satisfactions intellectuelles et de borner leur carrière, il n'y a pas lieu davantage de réprimer les appétits de la chair, de condamner les satisfactions sensuelles, ou de les renfermer dans les limites étroites du mariage, s'ils réclament une sphère plus étendue.

La vie étant à la fois *matérielle* et *spirituelle*, aussi sainte dans l'une de ces manifestations que dans l'autre, n'atteignant à sa plénitude, à sa perfection que par leur équilibre, il s'ensuit que le prêtre saint-simonien, dont la mission est d'élever tous les individus à cette plénitude d'existence en les attirant à lui, ne doit pas seulement, comme le prêtre chrétien, agir sur leur *intelligence*, mais encore sur leurs *sens*; ou autrement ne doit pas seulement les lier à lui *spirituellement*, mais encore *charnellement*; puisqu'autrement il laisserait en dehors de son influence une moitié de leur vie. Aussi le prêtre saint-simonien doit-il se montrer sous des dehors attrayans, voluptueux même, dépouillant, dans l'œuvre de la confession, le sombre appareil de la pénitence chrétienne, pour s'entourer, au besoin, de tous les objets propres à exalter, à enivrer les sens.

Le temps et l'éternité étant également de Dieu, en lui, lui-même, il s'ensuit que la mobilité, l'instabilité, l'in-constance, sont des modes de la vie tout aussi divins que l'immobilité, la stabilité, la constance; que par consé-quent les mariages temporaires et successifs fondés sur les affections passagères sont tout aussi légitimes et saints que les mariages permanens fondés sur les affections du-rables; que la loi qui dissout le lien conjugal est tout aussi normale, tout aussi religieuse que la loi qui le forme et le maintient, et qu'ainsi aucune idée d'imperfection ou de douleur ne doit s'attacher au divorce.

Ce qui rend odieuse la polygamie du passé, c'est le privilége qu'elle constitue pour l'homme, c'est l'EXPLOI-TATION à laquelle elle soumet la femme. — Il ne s'agit point aujourd'hui d'attribuer à un sexe un privilége sur l'autre, mais de donner à tous deux des droits égaux. Dès ce moment l'exploitation disparaît de leurs rapports, et avec elle tout ce qu'il y a de légitime dans la réproba-tion qui s'attache aujourd'hui à l'idée de pluralité dans l'intimité des sexes.

La mobilité, le besoin de changement, n'ont cessé de se témoigner dans le monde, et de s'y faire une part, en dépit de tous les obstacles. Cette part est aujourd'hui aussi large que possible; pour quiconque a percé la surface des sociétés modernes, a vu de près leurs mœurs, a pénétré dans l'intimité des familles et surpris le secret des cœurs, il est facile de se convaincre que, par exemple, les devoirs également imposés à tous dans le mariage, et auxquels tous font extérieurement profession de se soumettre, ne sont cependant fidèlement observés dans la réalité que par le petit nombre. Cet état de choses, sans doute, est vicieux; car aucune règle, aucune autorité religieuse ne présidant aux relations particulières qui s'établissent ainsi, il en résulte, dans le plus grand nombre des cas, qu'au lieu de servir à l'élévation des individus et au progrès de la société, elles ne font que pervertir les uns et porter le trouble dans l'autre; c'est ce vice qu'il faut faire cesser. — En introduisant aujourd'hui dans la loi morale le principe de la mobilité, en légitimant cet aspect de la vie, en lui donnant une règle, on n'aura rien changé aux sentimens, aux penchans qui existent dans les cœurs; seulement on aura substitué l'ordre au désordre, la franchise à l'hypocrisie, la vérité au mensonge.

Une seule difficulté s'élève contre ce règlement: c'est la confusion, l'incertitude qu'il pourrait jeter sur la paternité. Cette difficulté mérite d'être prise en considération; car il importe à l'ordre social que la paternité soit toujours connue, et au bonheur individuel que le sentiment qui s'attache à ce titre soit respecté. Il faut donc de toute nécessité que des limites soient posées, ou des restrictions prescrites à l'intimité des relations qui doivent s'établir en dehors du mariage. — C'est à la femme qu'il appartient de poser ces limites, ou de déterminer la nature de ces restrictions.

Dès le premier moment où cette conception de promiscuité fut produite, je m'élevai vivement contre elle, et depuis je la combattis avec ardeur dans tous ses développemens, sous toutes les formes qu'elle revêtit, à travers toutes les subtilités dont elle s'entoura et chercha à se fortifier. — De mon côté la discussion comprend deux parties distinctes; la première *critique* ou *négative*, la seconde, *organique* ou *positive*. — Je les reproduis ici l'une et l'autre dans leurs termes les plus succincts.

DISCUSSION CRITIQUE OU NÉGATIVE.

La distinction des individus en *mobiles* et *immobiles* correspond à la notion de l'antagonisme, et par conséquent constitue au point de vue du classement social des individus selon l'ordre saint-simonien une *dualité* vicieuse.

Toute dualité saint-simonienne doit avoir pour base la notion de l'harmonie, et par conséquent exprimer dans ses termes des manières d'être, des situations, des facultés, distinctes il est vrai, mais susceptibles d'être associées, harmonisées, et appelant même naturellement cette union, seule capable de leur donner leur entier développement. La division binaire, par exemple, en *savans* et *industriels*, en *théoriciens* et *praticiens*, est évidemment dans ce cas; mais il n'en est point ainsi de celle qui précède : ici ce sont des termes contradictoires, des manières d'être inconciliables, se repoussant, se neutralisant mutuellement, qui se trouvent mis en présence. Si l'on veut s'assurer de leur opposition essentielle, il suffit de se demander comment ces termes pourraient être associés, de manière à former une harmonie, dans la personne du prêtre, qui étant le lien des individus, doit réunir en lui leurs attributs divers. La contradiction apparaîtra alors dans toute son évidence, puisqu'il est impossible en effet de concevoir comment un homme pourrait être à la fois mobile et immobile, constant et inconstant, si ce n'est dans une succession d'états alternatifs, qui, au point de vue de l'ensemble d'une même vie, constitueraient non point une harmonie, une unité, mais une véritable anarchie; non point une continuité progressive, mais une discontinuité incessante.

Mobilité et *immobilité* expriment deux états inférieurs ou maladifs de la vie : l'agitation ou l'engourdissement. Ces termes ne peuvent donc servir de base à une classification morale (1).

En admettant cette division, et en y comprenant le prêtre qui en réunit en lui les deux termes, on est nécessairement conduit à reconnaître dans le monde l'existence simultanée de trois lois morales. Or, alors disparaît l'unité humaine; ce ne sont plus trois classes d'hommes qui se trouvent en présence, mais trois espèces différentes, inassociables, et devant même naturellement se repousser, puisqu'il n'existe entre elles, dans l'ordre des affections individuelles, aucune notion commune sur le bien et le mal, et par conséquent aucun droit commun. — Au surplus l'impossibilité de la coexistence de plusieurs lois morales dans une même société se montre avec évidence dans l'hypothèse même dont il s'agit. Et en effet le prêtre devant également agir sur tous les individus, sur les immobiles comme sur les mobiles, et cela aussi bien *matériellement* que spirituellement, parce que son but doit être d'élever les uns et les autres à la plénitude d'existence qui est en lui, il s'ensuit que par son action tous seraient rendus *mobiles*, et qu'ainsi, par le fait, il n'y aurait qu'une seule loi dans les rapports des sexes, la PROMISCUITÉ.

Le christianisme a condamné la chair, mais la chair

(1) Enfantin fait correspondre l'*immobilité* à la *science* et la *mobilité* à l'*industrie*, donnant à l'une pour accompagnement nécessaire la tristesse, la sévérité, l'ascétisme, et à l'autre la joie, la grâce, la volupté. — Il serait difficile assurément de vérifier dans le passé ou dans le présent l'exactitude de cette double caractérisation, et surtout de prouver que l'esprit de routine est plus particulier aux savans qu'aux industriels; ce qui devrait être pourtant, si l'*immobilité* était le partage des uns et la *mobilité* le partage des autres.

selon le paganisme et l'esclavage. C'est ainsi qu'il a détruit la polygamie, tiré la femme de la servitude, et fondé le mariage (1).

(1) Dans l'opinion d'Enfantin, le paganisme et le christianisme représentent bien moins deux âges de l'humanité, que deux aspects essentiels et primitifs de la vie, qui se seraient développés séparément et par antagonisme, pour venir s'unir ensuite dans une vaste conception religieuse. Aussi croit-il que la grande œuvre à accomplir aujourd'hui, consiste surtout à combiner l'antiquité et le moyen âge; et c'est là encore une des bases qu'il prétend donner à sa division des *mobiles* et des *immobiles*, dont les uns, selon lui, représentent l'élément *païen*, les autres l'élément *chrétien*. — En admettant cette opinion d'Enfantin, il faut supposer que l'humanité a procédé dans sa marche jusqu'à ce jour par voie de discontinuité, interrompant le travail de son perfectionnement dans un de ses modes d'existence, pour le commencer et le poursuivre dans un autre; que c'est en suivant cette loi d'alternative qu'elle s'est développée, exclusivement selon la *chair* dans les religions antiques, puis exclusivement encore selon l'*esprit* dans le christianisme, pour arriver par Saint-Simon à faire marcher de front ces deux développemens, en reprenant le premier au point où elle l'a abandonné il y a deux mille ans. Or, cette vue est fausse. — La marche de l'humanité n'est point discontinue ou alternative, mais continue et progressive. Le christianisme n'a pas été seulement pour le monde un changement d'état, mais un progrès. Il s'est emparé successivement de tous les germes d'avenir que renfermait la civilisation antérieure; ces élémens ont grandi sous sa loi, et ce qui le prouve assez, c'est que les sociétés modernes, toutes sorties du sein du christianisme, ne sont pas moins supérieures aux sociétés antiques sous le rapport de la puissance matérielle, que sous celui de la puissance intellectuelle. — Il n'y a rien à reprendre de ce que le christianisme a délaissé, rien à justifier de ce qu'il a condamné. Mais lui-même, en continuant progressivement le passé, a déposé dans le monde de nouveaux germes d'avenir qu'il n'a pu nommer, qui ne peuvent fructifier sous sa loi, que Saint-Simon a saisis dans une conception plus générale, et qu'il s'agit aujourd'hui de développer. Tel est en particulier l'élément INDUSTRIEL, méconnu, dédaigné, avili dans le passé, principalement dans les temps antérieurs au christianisme, et qui sous la loi nouvelle doit être glo-

Le célibat des prêtres catholiques, comme l'a très bien observé de Maistre, tenait à une considération de discipline, non de dogme; et cette considération était fondée principalement sur la nécessité de dégager les membres du clergé de tout attachement local, de tout lien personnel, de toute servitude à l'égard des puissances temporelles, afin que tous, intimement et directement unis au chef de l'église, fussent toujours disponibles pour travailler sous son autorité à l'œuvre universelle qu'ils avaient mission d'accomplir, la destruction de la guerre et de l'esclavage.

L'obstacle apporté au divorce par le catholicisme n'est point davantage une conséquence de son dogme sur l'éternité ou la matière (1), mais une haute mesure de circonstance, nécessitée à l'origine par l'état moral des peuples qu'il avait reçu mission de convertir. — La polygamie, sous des formes diverses, avait été jusque là la loi commune de tous ces peuples, et tous tendaient incessamment à la rétablir. Dans cette disposition, le divorce, quelles qu'eussent été les limites qu'on eût entrepris de lui tracer, ne pouvait aboutir qu'à l'établissement d'une polygamie successive, qui, remettant le sort de la femme à la discrétion des appétits brutaux, capricieux et dominateurs de l'homme de guerre, devait bientôt la replonger dans l'esclavage. — La condition essentielle de son affranchissement était donc l'indissolubilité du mariage, seul moyen alors de trancher nettement la loi nouvelle de la loi ancienne, et d'en révéler le sens moral aux consciences rebelles des

rifié et sanctifié en recevant d'elle le caractère religieux et social qui lui a été refusé jusqu'à ce jour. C'est dans ce sens surtout qu'il faut entendre ces mots, *Réhabilitation de la matière*, dont nous nous sommes si fréquemment servis dans nos écrits et dans nos discours, et qui reçoivent aujourd'hui une interprétation si étrange.

(1) Sur ce point de morale, de même que sur tous les autres, c'est comme auxiliaire, comme régulateur, et non comme principe, que le dogme intervient.

populations barbares. — Telle est la raison profonde du caractère que le mariage a reçu de l'église.

La loi de divorce n'a pu être légitimement réclamée dans ces derniers temps, que parce que l'inégalité, primitivement établie par la société militaire entre l'homme et la femme, s'était successivement affaiblie. Elle ne pourra être instituée en toute justice que lorsque cette inégalité ayant complètement disparu, et la femme se trouvant individuellement comme l'homme en possession de la capacité religieuse, politique et civile, vivant alors d'une vie propre et non plus empruntée, le divorce ne sera plus pour elle, comme il l'a été jusqu'ici, une véritable dégradation. — Et cependant, dans cet état même, le divorce sera toujours un évènement douloureux, le signe, dans l'institution sociale tout entière, comme dans les individus qui le subiront, d'une imperfection d'amour et de lumières, que les efforts de tous devront tendre sans cesse à faire disparaître.

Il n'est pas vrai que le prêtre chrétien n'ait agi et n'ait dû agir que sur *l'esprit* des fidèles ; il a aussi agi sur leurs *sens*, mais d'une manière appropriée à son enseignement. Si son geste et sa parole ont été tristes et austères, ce n'est point parce qu'il ne s'occupait que de *l'esprit*, mais bien parce qu'il enseignait encore le dogme antique des deux principes, de la chute de l'homme et de l'expiation ; dogme bien plus austère, bien plus terrible encore dans les religions anciennes, puisqu'alors c'était par le sang des victimes ou l'extermination des cités que le sacerdoce et les peuples lui rendaient témoignage. — Ce que le prêtre chrétien n'a pas fait, c'est de s'efforcer d'absorber en lui, par la séduction, la personnalité de ceux qu'il dirigeait ; c'est ce que le prêtre saint-simonien devra moins faire encore, car sa mission est d'élever les individus aux sympathies sociales par le développement même du sentiment de leur personnalité propre. — Il doit aussi sans doute agir sur leurs sens : tel est en parti-

culier l'objet du culte, et le culte saint-simonien, création
du génie de l'artiste, paré de toutes les merveilles, de
toutes les séductions que ce génie peut enfanter, doit de
plus en plus, par ses pompes, exciter la joie dans les
cœurs, et provoquer le développement de *toutes* les facultés humaines, mais seulement dans la direction de la loi
morale qui leur est donnée; or, cette loi ne peut être la
promiscuité.

Si l'on pouvait admettre qu'une relation intime de la
nature de celle dont il s'agit dût s'établir entre le prêtre
et ceux qu'il a mission de diriger, il faudrait en même
temps, et de toute nécessité, reconnaître encore pour
l'avenir le fait de l'exploitation. En effet, si l'on con-
sidère qu'une pareille relation ne saurait être déterminée,
de la part du supérieur, seulement par un sentiment de
dévouement, qu'il faut encore absolument qu'il y soit
sollicité par un attrait personnel, par un désir de satisfaction pour lui-même, cette conséquence paraîtra inévi-
table; car, comment comprendre que l'inférieur, quelles
que fussent ses répugnances, pût avoir toute liberté pour
se refuser aux désirs et aux sollicitations de son supérieur
lorsque celui-ci peut disposer de son avenir (1)? Vaine-
ment dira-t-on que l'exploitation, sous toutes ses formes,
est à jamais condamnée, et que le supérieur qui s'y livrerait
serait par cela seul déchu de son rang. — L'exploitation
doit disparaître du monde, mais à une condition : c'est
que, sous l'empire de la nouvelle loi religieuse et morale,
les relations générales et individuelles seront combinées
et réglées de telle façon qu'elles ne laisseront point de
place au développement des sentimens qui pourraient y
conduire.

Invoquer les désordres, les trahisons, les fraudes, l'ab-

(1) Pour peu qu'on veuille y réfléchir, on verra que dans ce
cas ce serait encore sur la femme que tomberait tout le poids de
l'exploitation.

sence de foi dont le mariage aujourd'hui présente le spectacle, pour justifier une théorie quelconque de promiscuité, c'est oublier qu'aucune sollicitude sociale ne préside à cette union, et ne veille sur elle; que dans la plupart des cas elle est déterminée par des considérations plus ou moins étrangères à l'amour, aux convenances réelles qui devraient la former, et qu'enfin, en l'absence de toute foi sociale et religieuse, aucun engagement individuel, aucun devoir particulier ne saurait avoir de sanction. — Autant vaudrait-il élever la prétention de consacrer et d'organiser l'égoïsme général, les haines nationales et les guerres qu'elles engendrent, la défiance entre les gouvernans et les gouvernés, et les révolutions qui en sont la suite, la concurrence et la fraude dans l'industrie, la rivalité et le plagiat dans les arts et dans les sciences, parce que tous ces faits existent aujourd'hui. — Les révélateurs et les apôtres ne viennent point pour sanctifier ce que la conscience de leurs contemporains proclame être le MAL, mais pour le faire disparaître, en développant, par l'amour d'un BIEN nouveau, tous les sentimens progressifs dont le passé a déposé les germes dans leurs cœurs.

La prétention de détruire toute objection contre la promiscuité sacerdotale, en concédant la nécessité de la soumettre à des limites ou à des restrictions, afin de sauver de l'incertitude le sentiment de la paternité, est à la fois puérile et grossière. — Si le prêtre peut légitimement éprouver des désirs sensuels pour ceux qu'il dirige, s'il peut légitimement en provoquer en eux pour lui-même, comment la satisfaction de ces désirs pourrait-elle être illégitime? et, si elle l'est, comment les désirs, qui devraient y tendre invinciblement, ne le seraient-ils point eux-mêmes? S'il n'y avait point d'autre obstacle à opposer à leur satisfaction complète que l'intérêt de conserver la trace de la paternité, il faudrait en conclure hardiment que tous les liens de la famille par le sang doivent disparaître, et, dans ce cas, se fonder sur la considération spécieuse de donner plus de développement aux sympathies sociales. Vous attendez la femme, dites-vous, pour déterminer ces limites ou ces restrictions... Mais s'il ne s'agissait dans l'accomplissement de cette tâche que de sauver la paternité, il n'y aurait là qu'une difficulté matérielle à résoudre par des procédés mécaniques, et l'on ne voit pas, dans ce cas, pourquoi il faudrait attendre la femme pour une pareille découverte. — Le sentiment puissant et impérissable de la paternité s'élève avec force sans doute contre cette confusion, mais elle est réprouvée par un sentiment plus puissant encore, l'amour qui engendre, l'amour du couple, qui n'a cessé de tendre, en grandissant, à une élection de plus en plus individuelle et exclusive, et qui repousse, d'une manière absolue et sans considération de limite, toute promiscuité, aussi bien dans le désir lui-même que dans la satisfaction.

C'est se méprendre étrangement sur la nature de la femme, sur la mission qui lui a été donnée et qu'elle n'a cessé d'accomplir, que de prétendre obtenir son acclamation pour une doctrine de promiscuité. Et, en effet, tandis que l'homme, en général, a pu se livrer à toute femme, sans autre condition que certaines qualités abstraites propres au sexe entier, elle, pour se donner, a toujours plus ou moins éprouvé le besoin de faire un choix, une élection reposant sur des qualités personnelles; et c'est ce qui la distingue encore dans l'état même de la dernière dégradation.

Ce que la femme demande aujourd'hui, ce qu'elle attend, ce qui lui est promis par tous les progrès accomplis, c'est que l'homme, qu'elle n'a cessé de convier aux délicatesses et aux devoirs de l'amour individuel, achève de recevoir cette initiation, et l'aide ainsi elle-même à se dégager complètement de la grossièreté primitive, afin que par là se termine toute cette confusion du passé dans laquelle la brutalité, à différens degrés, a été constamment le partage d'un sexe, et la servitude et l'exploitation le partage de l'autre.

C'est se tromper non moins grossièrement sur les besoins du peuple, sur les améliorations que réclame sa condition présente, que de venir à lui avec une pareille doctrine, lorsque justement la promiscuité, sous des formes diverses, a été jusqu'ici l'état auquel il a été particulièrement condamné, comme esclave, comme serf, ou comme salarié, soit en raison du tribut que la violence ou la misère l'ont contraint de payer à ses maîtres, soit par une cause plus intime agissant avec force dans ses propres relations, savoir, le défaut de culture de ses facultés morales, et l'absence du sentiment de la personnalité, suite ou accompagnement nécessaire de son abaissement social.

Ce que le peuple demande, c'est de sortir de cette confusion, c'est de conquérir la personnalité, c'est enfin d'être élevé à la dignité du mariage, qui, pour lui surtout n'a été jusqu'ici qu'une figure d'avenir, une promesse.

En résumé, toute cette interprétation donnée au principe de la réhabilitation de la matière est fausse, et constitue une véritable rétrogradation, puisque, par la confusion qu'elle établit, elle tend à détruire la famille, à effacer toute individualité, et à substituer les impulsions instinctives de la sensualité du barbare aux déterminations morales, libres, intelligentes, de l'homme civilisé, de l'homme sorti des mains du christianisme.

DISCUSSION ORGANIQUE OU POSITIVE.

La confusion en toute chose est le premier état de l'humanité. C'est l'unité du chaos, dont elle est graduellement sortie pour se rapprocher de plus en plus de l'unité d'harmonie.

Dans les désirs et les satisfactions de la chair, cette

confusion au commencement s'étend aux espèces et aux sexes ; ce qui nous est attesté, non seulement par les mythes antiques, mais aussi par l'histoire, notamment par les récits et les lois contenus dans les livres juifs, ainsi que par les traditions des sociétés païennes.

Dans la suite la personnalité humaine, et dans l'humanité la personnalité de chaque sexe, en se dégageant et se précisant, mettent fin à cette double confusion, qui progressivement n'apparaît plus que comme un fait anormal, exceptionnel, condamné à la fois par les lois et par les mœurs.

Mais une autre confusion subsiste et devient alors sensible : c'est celle qui permet à tout individu de se livrer à un individu quelconque du sexe différent, sans acception de la personne, et seulement pour les qualités propres au sexe lui-même.

Peu à peu cette confusion s'affaiblit à son tour par le dégagement de la personnalité individuelle, qui, faisant rechercher à chacun, dans l'objet de ses affections, des qualités en harmonie avec celles qui constituent sa propre individualité, tend à donner à chaque nature particulière de relation un caractère de plus en plus personnel.

Le christianisme, en appelant chaque homme à se replier en lui-même dans la contemplation de ses sentimens et de ses pensées, provoque et accélère ce progrès. Alors l'amour de l'homme et de la femme commence à se montrer sous un nouvel aspect ; alors prend naissance une poésie jusque là inconnue, ou dont les germes au moins se découvrent à peine sur les dernières limites de l'antiquité expirante, la poésie de l'amour *individuel,* de l'amour de deux êtres qui, guidés par une révélation mystérieuse, mais certaine, se distinguent, se choisissent entre tous pour ne plus former, par un pacte irrévocable, qu'un seul être, une seule vie : poésie sainte et sublime, où la sympathie humaine, la puissance du dévouement, le sentiment de l'infini, se témoignent avec non moins d'éclut et de grandeur que dans la poésie sociale elle-même.

Cette poésie, née du christianisme, et qui depuis lors n'a cessé de grandir, n'a été une réalité, et à peine encore, que pour quelques individus privilégiés. Pour le grand nombre elle est restée une prophétie, qui doit aujourd'hui s'accomplir; car chacun est appelé à prendre conscience de lui-même, à recevoir la révélation de sa personnalité, qui est son nom, sa place, sa destinée dans le monde, et à être mis ainsi sur la voie de l'élection individuelle dans tous les ordres d'affections.

Tous les hommes doivent s'associer, tous doivent s'aimer, mais à des distances inégales, mais à des titres différens, aussi variés que les combinaisons sociales, que les nuances individuelles.

« Celui qui aime tout le monde n'aime personne, » dit un axiome populaire. Si cet axiome signifie qu'on ne doit aimer qu'un individu, il est faux, car il a été donné puissance à l'homme d'aimer tous ses semblables; mais s'il veut dire qu'on ne peut bien aimer individuellement d'un même amour qu'une seule personne, il est de la plus grande vérité. Aucune affection ne peut atteindre son entier développement qu'autant qu'en ce sens elle est exclusive; et c'est ainsi que l'humanité, à mesure qu'elle se dégage de la confusion, acquiert une nouvelle puissance d'amour, une nouvelle exaltation de vie.

L'homme est sorti de la confusion comme il a fait jusqu'à ce jour tous ses autres progrès, c'est-à-dire sans en en avoir conscience, et en quelque sorte par la seule impulsion instinctive de sa nature; aussi sa marche dans cette voie a-t-elle été lente et incertaine. Mais aujourd'hui que sous ce rapport, comme sous tous les autres, sa destination lui est connue, et que par conséquent, dans chacun de ses actes, il doit se proposer directement de l'atteindre, elle va de jour en jour devenir plus rapide et plus assurée.

L'association générale, universelle, se compose d'une

multitude de cercles, d'ondulations, qui s'élargissent, s'agrandissent de proche en proche, jusqu'à la limite extrême de l'amour, de l'intelligence, de la puissance de l'homme, et qui à partir de cette limite se resserrent successivement jusqu'à l'union la plus intime, jusqu'au couple. Tous ces cercles se touchent, mais sans se confondre, chacun d'eux ayant pour raison d'existence une nature particulière de relations. En d'autres termes, tout individu est centre de cette série de cercles, et figure dans tous, mais à des titres différens. — C'est ainsi que se constituent la multiplicité dans l'unité, l'individualité dans la société, la liberté dans l'ordre.

Tous les individus sont divers, tous ont des destinées particulières, distinctes, dans la destinée générale et commune; il en est de même des associations partielles, considérées dans leur existence collective: d'où il suit que nul peuple ou nul individu ne saurait être arbitrairement uni à un autre; et que chacun, dans les différentes sphères d'affection et d'activité où sa vie doit se déployer, a ses associés naturels et prédestinés.

Il n'y a sur la terre pour chaque homme qu'une seule femme, et pour chaque femme qu'un seul homme, qui soient destinés à former dans le mariage l'union harmonique du couple.

L'union de l'homme et de la femme suit, dans son progrès vers ce terme, la même loi que l'union des peuples vers l'association générale.

Depuis l'origine, les différentes fractions dont doit se composer un jour l'unité harmonique de la grande famille humaine n'ont cessé instinctivement de se chercher et de se rapprocher.

Il en est de même des parties prédestinées du couple.

C'est par des alliances passagères, imparfaites, monstrueuses souvent, mais toujours fondées sur des convenances plus ou moins étrangères à un désir intime d'union, que les familles, les corporations, les cités, les nations, se sont graduellement élevées au sentiment de l'association universelle et définitive.

C'est par des unions semblables que l'homme et la femme se sont aussi progressivement élevés au sentiment d'amour individuel, qui doit donner naissance au couple harmonique et définitif.

Par la révélation de Saint-Simon, les peuples les plus civilisés peuvent dès aujourd'hui sentir et former le lien qui doit les unir dans l'ordre de l'association universelle.

Grâce aux lumières de cette révélation, les individus les plus avancés peuvent aussi dès aujourd'hui sentir et former le lien qui doit les unir dans le mariage.

Du jour où les peuples et les individus supérieurs se seront associés selon la loi de leurs destinations réciproques, l'association universelle sera fondée et le mariage institué.

Dans cette voie seulement, l'harmonie et la paix, la liberté et le bonheur.

En dehors, à différens degrés, la confusion et la lutte, la fatalité et la douleur.

Avant le christianisme, il n'y a point d'association entre les sexes, et par conséquent, à proprement parler, point de mariage : la femme, à différens titres, est l'esclave de l'homme.

Selon les états divers de civilisation renfermés dans ce premier âge, elle est prise comme un butin, achetée comme une propriété ou reçue comme un don. — L'homme n'est point soumis aux devoirs qu'il lui impose : c'est ainsi que tandis qu'il peut légitimement posséder plusieurs femmes, elle ne peut sans crime appartenir qu'à un seul homme. Enfin le lien qui s'est formé sans son consentement peut être brisé de même.

Le christianisme, en faisant du consentement de la femme la condition nécessaire de son union avec l'homme, en détruisant la polygamie, en condamnant également l'adultère dans les deux parties du couple, en prononçant l'indissolubilité de leur union, a tiré la femme de la servitude, l'a associée à l'homme, en un mot a fondé le mariage.

Mais le mariage chrétien lui-même n'était qu'une imparfaite ébauche du mariage de l'avenir :

Car le célibat étant la loi du sacerdoce et des ordres religieux, c'est-à-dire des dépositaires et des interprètes de la loi divine, des individus qui, dans l'opinion générale, se trouvaient le plus rapprochés de Dieu, il n'était et ne pouvait être considéré que comme un état inférieur ;

Car le lien qu'il formait était purement individuel ;

Car il consacrait encore la subalternité de la femme, dont le consentement d'ailleurs était en grande partie rendu illusoire, non seulement par la constitution, les convenances, les mœurs de la société temporelle, mais encore par l'ascendant de l'autorité paternelle, telle que la loi chrétienne elle-même l'enseignait et la sanctionnait ;

Car, enfin, le christianisme n'ayant point la révélation des différens aspects de la vie, des nuances innombrables qui distinguent les individus et les prédestinent diversement les uns par rapport aux autres, ne tenait aucun compte des harmonies ou des désharmonies qui pouvaient exister entre les époux, et leur rendre cher ou odieux le lien qui devait les unir.

D'où il suivait que le devoir de fidélité qu'il leur imposait, que le caractère d'indissolubilité qu'il attachait à leur union, règles qui d'ailleurs prophétisaient et préparaient l'avenir, ne constituaient pour eux, dans le présent, qu'une loi aveugle et fatale, qui, à quelques exceptions près, provoquées par l'exaltation du sentiment abstrait du devoir, ne pouvait trouver de sanction que dans l'anéantissement de leurs facultés, ou dans la crainte du châtiment.

Dans l'avenir, le mariage est la loi de tous ; car, ainsi que l'enseigne la révélation nouvelle, la plénitude, l'unité du sens individuel de la vie humaine, ne peuvent se trouver isolément ni dans l'homme ni dans la femme, mais seulement dans l'union sympathique et harmonique de l'un et de l'autre.

La consécration du mariage est revêtue d'un triple caractère : elle est à la fois individuelle, sociale et universelle.

Car en même temps qu'elle ordonne chaque partie du couple par rapport à l'autre, au moyen de la fonction qu'elle leur confère, elle les ordonne encore ensemble par rapport à tous les autres couples, à l'association humaine tout entière, et ainsi par continuité d'harmonie au monde extérieur lui-même.

L'homme et la femme sont placés sur le même rang ; dans le mariage ils sont associés à titre égal, selon la grâce particulière que Dieu a dévolue à chaque sexe, dans la triple fonction du temple, de l'état et de la famille.

Les individus, selon les prédominances que prennent en eux les différens aspects de la vie, se divisent en trois grands ordres : en PRÊTRES et ARTISTES, qui imaginent, qui inspirent, qui lient ; en *savans*, qui méditent, qui découvrent, qui règlent ; en *industriels*, qui agissent, qui réalisent, qui créent. Dans ces trois ordres ils se subdivisent et se distinguent encore, selon les nuances nombreuses que présente l'activité humaine dans chacun d'eux, et qui s'étendent elles-mêmes jusqu'aux nuances individuelles.

Telles sont les diversités dont les harmonies variées constituent les convenances dans le mariage comme dans tous les autres ordres d'association.

Mais de là ne résulte point l'existence de plusieurs lois morales ; la loi morale est une, également obligatoire pour tous ; la diversité à cet égard consiste seulement à ce que chacun se trouve placé dans les conditions les plus favorables pour l'observer ; à savoir, qu'il soit classé dans le monde selon sa vocation, associé selon son amour.

Tout mariage a une double sanction : l'élection réciproque des époux, et l'approbation du supérieur.

Or, la valeur de cette double sanction se fonde, d'une part, sur ce que les individus, cultivés et développés par l'éducation, dans le sens de leur nature propre, de leur vocation particulière, sont ainsi inspirés et guidés dans le choix qu'ils doivent faire, choix qui, en outre, n'est plus restreint dans les limites étroites de la caste ou des convenances de la fortune;

Et d'autre part, sur ce que le supérieur connaît à la fois et la loi des harmonies de la vie et la tradition des individus dont il consacre l'union.

Le précepte de l'église chrétienne sur la fidélité dans le mariage trouve la justification et la sanction directes qui lui ont manqué jusqu'ici, dans l'amour des époux, dans le sentiment réel de préférence qui a déterminé leur union.

Tout mariage est contracté dans la foi profonde de la part des époux, et dans le ferme espoir de la part du prêtre qui le consacre, qu'il doit être indissoluble, puisque si de part ou d'autre quelque lacune, quelque désharmonie était sentie, il ne devrait point se faire.

Mais tous les individus n'ont point encore reçu au même degré la révélation de leur personnalité propre, et, par conséquent, de la personnalité qu'ils doivent chercher dans le mariage; mais l'éducation, qui a pour but de découvrir en eux ce sens et de le cultiver, ne doit, pendant long-temps encore, leur donner sous ce rapport qu'une assistance incomplète; mais ce n'est que successivement enfin que le prêtre doit sentir et connaître toutes les diversités, toutes les harmonies de la vie; car, pour s'élever à ce sentiment, à cette connaissance, il a besoin de l'indication des spontanéités individuelles, et le développement de ces spontanéités ne peut être lui-même que successif.

D'où il suit qu'un grand nombre d'individus, tout en cherchant directement l'être qui doit compléter leur vie dans le mariage, tout en se rapprochant de plus en plus de la révélation du type qu'ils doivent trouver, sont destinés, long-temps encore, à ne former que des alliances incomplètes et préparatoires.

Dans tout le cours de ce progrès, le DIVORCE est légitime; car il vient mettre fin à une douleur individuelle, à une désharmonie sociale, à un désordre dans le monde.

Et le mariage qu'il dissout a été saint et légitime aussi; car d'abord au moment où il a été contracté, il était le plus parfait que pussent concevoir la sympathie et la science humaines, et de plus, en développant la sensibilité de ceux qu'il unissait, en dissipant ainsi l'obscurité qui leur cachait leurs imperfections relatives, il leur a fait faire un pas de plus vers l'union définitive à laquelle ils tendent.

Voici le MARIAGE tel qu'il doit être définitivement institué, tel qu'il doit se réaliser progressivement pour tous.

Et voici le DIVORCE, tel qu'il doit exister pendant un temps plus ou moins long encore, mais pour disparaître graduellement en raison du double progrès de la SOCIÉTÉ et de l'INDIVIDU.

———————

Le débat dont je viens de rapporter les termes généraux, ne tarda pas à ramener, entre Enfantin et moi, l'examen de plusieurs grands problèmes, dont nous ne nous étions occupés jusque là que d'une manière superficielle, mais qui réclamaient impérieusement alors une solution précise : tels furent, par exemple, le problème du *bien* et du *mal*, et celui de l'*autorité* et de la *liberté*. — Dans la seconde partie de cet écrit, je ferai connaître sur ces deux points importans, comme je l'ai fait sur le premier, la discussion qui eut lieu entre nous, et les dissentimens qui nous séparèrent.—En attendant je déclare que de même que je repousse les doctrines d'Enfantin sur les relations des hommes et des femmes, parce qu'elles auraient pour résultat la promiscuité entre les sexes, la destruction du mariage et de la famille;—je repousse celles qu'il professe sur le *bien* et le *mal*, sur l'*autorité* et la *liberté*, parce que, sur le premier point, elles tendent à justifier tous les penchans, tous les actes, et à anéantir ainsi dans le cœur de l'homme toute notion du juste et de l'injuste, tout sentiment du devoir; et parce que, sur le second, elles renferment la négation de toute spontanéité, de toute liberté, de toute dignité dans l'individu.

Je déclare enfin que je condamne toutes ces doctrines, parce que dans leur combinaison (et elles sont étroitement liées), elles auraient pour effet de fonder le gouvernement humain sur la corruption, la séduction, la fraude.

Enfantin n'a point encore fait connaître publiquement ses théories sur le rapport des sexes, sur le mariage, sur le divorce; il ne les a pas même encore dévoilées complètement à toutes les personnes qui l'entourent: mais j'affirme qu'elles sont telles que je les ai rapportées. Je n'y ai rien ajouté; seulement j'en ai supprimé quelques détails qui auraient pu les rendre plus repoussantes encore, mais qui, n'étant que des conséquences directes du principe qui leur sert de base, sont au fond sans importance. D'ailleurs au milieu d'un monde prévenu, il n'est pas facile d'écrire librement sur toute matière quelque grave qu'elle puisse être; et, je l'avouerai, j'ai vivement ressenti ce qu'avait éprouvé, en pareille occasion, le grand apologiste moderne du catholicisme, j'ai craint *le vice et son vilain rire.*

Dans le cours de nos longues discussions, il arriva plusieurs fois qu'Enfantin parut renoncer à ses théories, et notamment lors de la lettre que nous écrivîmes dans les premiers jours d'octobre 1830 à la chambre des députés, lettre que je rédigeai, qu'il signa avec moi, et dans laquelle, en disant, en termes généraux, comment nous concevions le mariage, nous repoussions hautement l'accusation de *communauté des femmes*, qui avait été portée contre nous dans cette assemblée par MM. Mauguin et Dupin. Mais ces momens de silence et de résignation étaient employés par Enfantin à élaborer, à perfectionner sa conception ; et chaque fois qu'il croyait avoir trouvé en sa faveur un argument nouveau, il la reproduisait avec plus de force que jamais. J'affirme enfin qu'il m'a déclaré plusieurs fois, et cela de la manière la plus formelle encore peu de jours avant notre séparation, qu'elle n'était pour lui l'objet d'aucun doute.

Il est vrai que dans ces derniers temps, au milieu des vives répugnances que soulevait autour de lui cette conception à demi dévoilée, il a prétendu qu'il ne la donnait que comme une indication, ajoutant qu'aucune loi morale ne pouvait être légitimement proclamée sans le concours de la femme. Il convient de dire aussi qu'en présence de ces répugnances, il s'est engagé, en attendant la révélation de la femme (1), à faire observer strictement la loi chrétienne par tous ceux qui le suivent, et à l'observer lui-même dans toute sa rigueur ; mais, en vérité, je cherche ce qu'il y a de sérieux dans tout ceci.

Et d'abord des femmes sont intervenues et se sont pro-

---

(1) Dans la réalité, Enfantin ne reconnaît à la femme d'autre droit que celui de régler, en commun avec l'homme, la pratique de la loi qu'il a posée.

noncées dans nos discussions. Il est vrai qu'Enfantin récuse leur autorité en disant que ce n'est point d'elles-mêmes qu'elles sont venues à la doctrine de Saint-Simon; qu'elles y ont été attirées par des affections de famille, et qu'il ne peut appartenir qu'à la femme qui s'en approchera spontanément de prétendre à une mission révélatrice. Mais cette femme, comment espère-t-il la faire surgir du milieu des femmes, si ce n'est en disant à toutes son amour d'homme? et si quelqu'une d'entre elles se lève pour réprouver cet amour et le flétrir, n'est-il pas évident qu'il devra la repousser avec dédain, comme un stérile écho du passé? Car à quel signe prétendrait-il reconnaître la femme de l'avenir, si ce n'est d'après sa ressemblance avec le type qui est en lui et qu'il a si longuement médité, contemplé, admiré?

C'est subalterniser la femme, dites-vous, que de prétendre sans elle annoncer la nouvelle loi morale. Mais nous ne l'avons point attendue pour proclamer la nouvelle loi religieuse et politique, et cependant nous avons dit que, dans l'avenir, elle devait être l'égale de l'homme dans le temple et dans l'état : qui pourrait donc retenir l'expression de nos désirs et de notre amour lorsqu'il s'agit de la loi morale, et rendre sur ce point notre foi incertaine? L'amour de la femme serait-il donc ici contradictoire à celui de l'homme? Mais il faudrait alors cesser de croire à l'harmonie dans le monde; il y a plus, il faudrait reconnaître qu'une pareille opposition ne pourrait se terminer que par l'esclavage de la femme. Heureusement que cette opposition n'existe pas. C'est l'homme qui, par Saint-Simon et ses successeurs immédiats, a le premier élevé la voix pour réclamer un ordre nouveau et dire quel il devait être; ce fait prouve assez que, dans l'œuvre de la rénovation générale, sa tâche, à lui, est de révéler l'avenir. Mais ce n'est là que la moitié de l'œuvre : il faut encore que la révélation nouvelle se fasse recevoir par le monde et qu'elle se réalise ; or, elle n'entrera dans la voie de l'acclamation générale, dans la voie de la réalisation, que lorsque la femme, ayant pris place au rang qui lui est assigné, demandera l'une et l'autre. — Jusque là cette révélation ne sera pour le monde qu'une prophétie, une idée ; jusque là elle n'aura pas la puissance d'élever extérieurement ceux-là mêmes qui se réuniront sous sa loi au-delà des proportions d'une secte. — Voici la part de la femme ; ce n'est point celle de l'homme, mais apparemment elle n'est ni moins grande ni moins glorieuse.

Quant à la promesse faite par Enfantin d'observer et de faire observer la morale chrétienne en attendant la morale meilleure qu'il prépare, je ne veux pas croire que ce soit une dérision ; mais de la part de ceux qui l'ont prise au sérieux, c'est assurément la plus étrange de toutes les illusions. — Est-ce donc en vertu d'une convention que l'on observe une loi morale ? — On l'observe parce qu'on l'aime, parce qu'on croit à l'excellence et à la supériorité de ses préceptes. Or, vous déclarez que la loi chrétienne est déchue, qu'elle est oppressive et tyrannique : comment donc cette loi aurait-elle la puissance de régler vos actes et surtout de dominer en vous des penchans que vous regardez comme légitimes ?

La foi d'ailleurs ne s'ajourne pas ainsi : lorsque nous avons cru à la hiérarchie, nous l'avons établie dans notre sein. Lorsque nous avons cru à la transformation de la propriété, nous avons appliqué parmi nous, autant que nous pouvions le faire, le principe de cette transformation. — Vous croyez à la *promiscuité*, vous la pratiquerez, sourdement ou ouvertement, selon que vous oserez hautement avouer votre croyance ou que vous jugerez à propos de la dissimuler; mais vous la PRATIQUEREZ.

Si les doctrines d'Enfantin pouvaient s'accréditer et se réaliser dans le monde, elles seraient à la morale ce que les doctrines protestantes et républicaines ont été à l'unité catholique, à la monarchie féodale, une négation, un levier de destruction, et rien de plus; mais cette destinée même ne leur est pas réservée.

Dieu a permis que dans l'ordre religieux et politique l'œuvre de la destruction fût séparée de l'œuvre de l'organisation: il ne l'a point permis dans l'ordre moral. — Des voix puissantes se sont élevées aux acclamations populaires pour dire anathème au catholicisme et à la féodalité; mais aucune voix semblable ne s'est fait entendre contre la loi morale sur laquelle le christianisme a fondé le mariage et la famille. Au milieu du bouleversement général, le génie de la destruction a été frappé d'aveuglement en sa présence, et lui-même lui a rendu hommage. Cette loi sans doute a eu des détracteurs, mais ils sont restés dans l'ombre en ont été frappés de réprobation; en perdant la double sanction qu'elle recevait des croyances religieuses et sociales, elle a dû subir et elle a subi en effet de profondes altérations; mais elle a conservé sa légitimité dans la conscience humaine. C'est que si ce dernier lien eût été rompu, il ne restait plus à l'homme aucun amour, aucun refuge, aucune règle, aucun point de départ, aucune sollicitation pour rentrer dans les voies de la religion et de l'ordre.

La loi chrétienne sur le mariage et la famille doit être aujourd'hui profondément modifiée; mais elle ne peut l'être que par la loi même qui consacrera le nouveau mariage, la famille nouvelle.

Dans l'ordre moral il n'y a point de place pour une TERREUR, point de mission pour un ROBESPIERRE.

Et nous aussi, nous avons hâte de l'avènement de la femme, et nous aussi nous l'appelons de toute notre puissance: mais c'est au nom de l'amour pur et dévoué qu'elle a fait pénétrer dans le cœur de l'homme, et que l'homme aujourd'hui est prêt à lui rendre; c'est au nom de la dignité qui lui est promise dans le mariage; c'est enfin et par-dessus tout au nom de la classe la plus nombreuse et la plus pauvre, dont jusqu'ici elle a partagé la servitude et les humiliations, et que sa voix entraînante peut seule aujourd'hui achever de soustraire à la dure exploitation que les débris du passé font encore peser sur elle.

FIN DE LA PREMIÈRE PARTIE.